# SUCCESSION OUDRY

# TABLEAUX

## ANCIENS

ET

## FRESQUE DE RAPHAEL

( LE MARTYRE DE SAINTE CÉCILE )

---

## VENTE

HOTEL DROUOT, SALLES Nᵒˢ 8 ET 9

*A PARIS*

### Le Lundi 10 Avril 1876, à 2 heures 1/2

---

### EXPOSITIONS

| PARTICULIÈRE | PUBLIQUE |
| --- | --- |
| Le Samedi 8 Avril 1876 | Le Dimanche 9 Avril 1876 |

---

COMMISSAIRES-PRISEURS

| Mᵉ ESCRIBE | Mᵉ ALÉGATIÈRE |
| --- | --- |
| 6, rue de Hanovre, 6 | 10, rue de Châteaudun |

**M. HARO ✳, Peintre-Expert**

14, rue Visconti, et rue Bonaparte, 20

**Collection Oudry.**

La plupart des tableaux importants ont été retirés de la vente faute d'enchères. Pour le *Martyre de Sainte Cécile*, fresque de *Raphaël*, la mise à prix était de 10.000 fr. On a vendu un *Van der Neer*, 750 fr.; la *Fête du village*, de *Jean Steen*, 4.200, et la *Continence de Scipion*, du même, 2.550 fr.; le *Sénateur vénitien* attribué à Véronèse, 5.000; un bas-relief en cuivre, d'après Pierre Puget, 3.900 francs.

IMPRIMERIE J. CLAYE — RUE SAINT-BENOIT 7 — PARIS

# CATALOGUE

## DES

# TABLEAUX

## ANCIENS

ET D'UNE

# FRESQUE DE RAPHAEL

DÉPENDANT

DES

# SUCCESSIONS OUDRY

DONT LA VENTE AURA LIEU

HOTEL DROUOT, SALLES N<sup>os</sup> 8 ET 9

A PARIS

## Le Lundi 10 Avril 1876, à 2 heures 1/2

EXPOSITIONS

| PARTITICULIÈRE | PUBLIQUE |
|---|---|
| Le Samedi 8 Avril 1876 | Le Dimanche 9 Avril 1876 |

COMMISSAIRES-PRISEURS

| M<sup>e</sup> ESCRIBE | M<sup>e</sup> ALÉGATIÈRE |
|---|---|
| 6, rue de Hanovre | 10, rue de Châteaudun |

### M. HARO ✳, PEINTRE-EXPERT

14, rue Visconti, et rue Bonaparte, 20

# CONDITIONS DE LA VENTE

Elle sera faite au comptant.

Les acquéreurs payeront en sus des adjudications *cinq pour cent,* applicables aux frais.

————— —————

Les Expositions particulière et publique, mettant les amateurs à même de se rendre compte de l'état des objets vendus, il ne sera admis aucune réclamation une fois l'adjudication prononcée.

*CE CATALOGUE SE DISTRIBUE A PARIS*

CHEZ

| M<sup>e</sup> ESCRIBE | M<sup>e</sup> ALÉGATIÈRE |
|---|---|
| COMMISSAIRE - PRISEUR | COMMISSAIRE - PRISEUR |
| 6, rue de Hanovre | 10, rue de Châteaudun |

ET CHEZ

M. HARO ✳, PEINTRE-EXPERT

20, rue Bonaparte, et rue Visconti, 14

Les tableaux qui composent cette vente proviennent
de la collection formée par M. Alphonse Oudry, ingénieur
des ponts et chaussées.

Amateur éclairé, passionné pour les maîtres anciens.
il n'hésitait pas dans ses voyages à acquérir, même à
grand prix, les objets d'art qu'il recherchait. Les tableaux
que nous présentons aujourd'hui au public constituaient,
avec ceux de Rembrandt, Hals, Ostade et Goya, les œu-
vres principales de sa collection.

Nous signalons parmi les tableaux mis en vente, des
portraits par Paul Véronèse, Bronzino, etc., etc.; une
Kermesse, page capitale de Jean Steen; la Continence de
Scipion, par le même maître; un saint François d'Assise,
par Guido Reni; différents tableaux de l'École espagnole
attribués à Zurbaran, etc., etc.

Notre devoir est d'indiquer surtout une œuvre de
Raphaël : Le Martyre de sainte Cécile.

Cette œuvre, qui a été appelée à tort : Le Martyre de sainte Félicité, est la fresque originale si connue par les dessins de Vienne et de Dresde, et surtout par la gravure de Marc-Antoine Raimondi.

Nous reproduisons en entier, dans le corps du présent catalogue, l'étude approfondie sur ce précieux débris, due à un critique distingué, M. A. Gruyer, que ses longs et consciencieux travaux, sa passion pour le plus grand maître de l'art ont placé au premier rang des commentateurs de Raphaël.

M. L. Oudry, dernier possesseur de cette fresque, désirant rendre tout l'intérêt au sujet dont le milieu avait été détruit d'une manière si barbare par le fermier Vitelli, a confié à un artiste distingué, M. Henri-Joseph Dubouchet, grand prix de Rome, la mission de reconstituer, sur une toile qui s'enlève ou s'adapte à volonté, tout ce qui manquait à cette œuvre si intéressante et si précieuse pour les peintres, les amateurs et l'histoire de l'art.

HARO

# TABLEAUX

## ANCIENS

# DÉSIGNATION

---

## TABLEAUX ANCIENS

### ALBANI (*attribué à* FRANCESCO)

1. — Diane et Calysto.

> La déesse est assise entourée de ses nymphes.
> Paysage historique.
>
> Toile. — H., $0^m$,85. L., $1^m$,00.

### ALBANI (*attribué à* FRANCESCO)

2. — La Toilette de Vénus.

> La déesse est entourée de nymphes et amours.
> Pendant du précédent.
>
> Toile. — H., $0^m$,85. L., $1^m$,00.

### ANTOLINEZ (JOSÉ)

3. — L'Annonciation.

> Toile. — H., $0^m$,48. L., $0^m$,72.

## ANTOLINEZ (José)

4. — L'Adoration des bergers.

Toile. — H., $0^{m}$,48. L., $0^{m}$,72.


## ARELLANO (Juan de)

5. — Fleurs.

De belles fleurs de différentes espèces sont réunies et groupées dans un vase de cristal.

Signé en toutes lettres.

Toile. — H., $0^{m}$,64. L., $0^{m}$,45.


## ARELLANO (Juan de)

6. — Fleurs dans une corbeille.

Signé à droite du monogramme.

Toile. — H., $0^{m}$,55. L., $0^{m}$,68.


## BRAUWER (Adrien)

7. — Un Paysan lisant une gazette.

Bois. — Forme ronde, $0^{m}$,14 de diamètre.

## BRAUWER (ADRIEN)

8. — Paysan flamand faisant une grimace.

Pendant du précédent.

Bois. — Forme ronde, 0$^m$,14 de diamètre.

## BRONZINO (ANGIOLO)

9. — Portrait d'Alexandre de Médicis.

Dans le haut du tableau on lit l'inscription suivante :

ALEXSANDER MEDICES DUX$^{A PO}$ FLORÉ$^R$

Toile. — H., 0$^m$,65. L., 0$^m$,45.

## CARAVAGGIO (MICHEL-ANGE)

10. — Saint Jean-Baptiste.

Assis et de grandeur naturelle, le corps enveloppé d'une ample draperie rouge, il tient de la main droite une croix.

Toile. — H., 1$^m$,74. L., 1$^m$,33.

# CEREZO (Mateo)

**11. — Madeleine repentante.**

Elle est représentée dans la grotte de la Sainte-Baume, les yeux levés vers le ciel. Près d'elle un Christ, l'Évangile et une tête de mort.

Toile. — H., 0m,20. L., 0m,25.

# CRANACH (Lucas)

**12. — La Vierge et l'Enfant Jésus.**

La Vierge est représentée allaitant l'Enfant Jésus.

Signé du Dragon ailé, monogramme du maître.

Bois. — H., 0m,19. L., 0m,12.

# DYCK (Antoine Van) (*attribué à*)

**13. — Tête d'apôtre.**

Bois. — H., 0m,48. L., 0m,39.

# DYCK (Van)

14. — Sainte Élisabeth de Hongrie faisant l'aumône à un pauvre.

Toile. — H., 1$^m$,77. L., 1$^m$,08.

## ÉCOLE ESPAGNOLE

15. — Portrait de l'Infante Marie-Thérèse.

Toile. — H., 1$^m$,02. L., 0$^m$,80.

## ÉCOLE ESPAGNOLE

16. — Légumes, cardons, raves, etc.

Toile. — H., 0$^m$,60. L., 0$^m$,87.

## ÉCOLE ITALIENNE

17. — Massacre des Innocents.

Toile. — H., 0$^m$,69. L., 0$^m$,55.

## ÉCOLE ITALIENNE

18. — La Mort de Saphora.

Toile. — H., 0ᵐ,32. L., 0ᵐ,24.


## ÉCOLE ITALIENNE

19. — Le Dante, Pétrarque et un Cardinal.

Toile. — I! , 0ᵐ,68. L., 1ᵐ,25.


## ÉCOLE ITALIENNE

20. — La Jeunesse.

> Un jeune homme jette des fleurs contenues dans une corbeille.

Toile. — H., 0ᵐ,67. L., 0ᵐ,67.

21. — L'Age mûr.

> L'âge mûr est représenté par un homme vêtu de noir, orné d'une chaîne d'or et vu à mi-corps.

Toile. — H., 0ᵐ,55. L., 0ᵐ,44.

22. — La Vieillesse.

> Elle est représentée par un homme âgé, exprimant la frayeur.

Toile. — H., 0ᵐ,55. L., 0ᵐ,44.

# ÉCOLE DE SÉVILLE

23. — Ignace de Loyola prêchant à la foule.

Toile. — H., 0ᵐ,60. L., 0ᵐ,73.

# ÉCOLE VÉNITIENNE (PALMA VECCHIO.) *(attribué à)*

24. — Les trois Provéditeurs.

Dans le fond l'ancienne Venise.

Toile. — H., 1ᵐ,06. L., 0ᵐ,87.

# ESCALANTE *(attibué à)*

25. — Madeleine.

Elle est étendue appuyée sur le bras gauche, en contempla-
tion devant le Christ.

Toile. — H., 0ᵐ,15. L., 0ᵐ,25.

# FICTOOR (JEAN)

26. — La Surprise.

Une jeune femme couchée dans un lit, le sein et le bras
droit découverts, se soulève, et, de la main gauche, écarte une
tapisserie.

Toile. — H., 0ᵐ,80. L., 0ᵐ,63.

# GENTILESCHI ARTEMISIA

**27. — La Victoire.**

Elle est représentée par une jeune femme grandeur nature,
la tête ceinte de lauriers; elle est assise tenant de la main
droite une lance et de la gauche une branche d'olivier; près
d'elle un bouclier sur lequel est l'inscription suivante :
A R T E M I S I A  G E N T I L E S C H I  F A C I E B A T.

Toile. — H., 1<sup>m</sup>,32. L., 1<sup>m</sup>,05.

# GIORDANO (LUCAS).

**28. — Apothéose de sainte Thérèse.**

Toile. — H., 0<sup>m</sup>,32. L., 0<sup>m</sup>,49.

# GREVENBROEK

**29. — Vue de Palerme.**

Au premier plan, de nombreux vaisseaux, plus loin la ville
et dans le fond un fort sur une hauteur.

Cuivre. — H., 0<sup>m</sup>,28. L., 0<sup>m</sup>,51.

## GRYEF (Antoine)

30. — Chiens et gibier mort.

Au second plan, un chasseur tenant une pipe.

Fond de paysage.

Signé à gauche : A. Gryef.

Bois. — H., 1ᵐ,24. L., 0ᵐ,32.

## GRYEF (Antoine)

31. — Chasseur au repos, chiens et gibier mort.

Fond de paysage.

Signé à droite.

Pendant du précédent.

Bois. — H., 0ᵐ,24. L., 0ᵐ,32.

## GUIDO (Reni)

32. — Saint François d'Assise en prière.

Toile. — H., 0ᵐ,80. L., 0ᵐ,66.

# HEEMSKERK (Eybert)

**33.** — Scène galante ; intérieur flamand.

Signé à droite E. H.

Bois. — H., 0<sup>m</sup>,25. L., 0<sup>m</sup>,18.

# HEEMSKERK (Eybert, le jeune)

**34.** — Le Fumeur.

Il est assis fumant sa pipe et tenant de la main gauche un flacon. Près de lui, sur un tonneau un pot à feu, un canette en grès et divers accessoires.

Signé du monogramme sur le tonneau.

Bois. — H., 0<sup>m</sup>,17. L., 0<sup>m</sup>,13.

# JORDAENS (Jacques)

**35.** — Sainte Famille.

Bois. — H., 0<sup>m</sup>,06. L., 0<sup>m</sup>,77.

## LANINO (Bernardino)

**36. — L'Adoration de la Vierge.**

Assise sur un trône, elle tient l'Enfant Jésus sur ses genoux ; à droite et à gauche deux saints évêques, au pied du trône, deux pénitents agenouillés.

Signé au-dessous sur un cartouche sculpté dans la première marche.

B NARDINVS-
LANINVS-F-1564

Bois. — H., $2^m,00$. L., $1^m,35$.

## LOTTO (Laurent)

**37. — La Fuite en Égypte.**

Signé à droite.

L.LOTVS.P.
MDXXVII

Toile. — H., $0^m,96$. L., $1^m,16$.

## MANFREDI (Bartolommeo)

**38. — L'Enfant prodigue se faisant rendre ses comptes.**

Toile. — H., $1^m,48$. L., $1^m,95$

2

## MARIESCHI

39. — Vue prise à Venise.

Toile. — H., 0<sup>m</sup>,51. L., 0<sup>m</sup>,76.

## METSU (Gabriel)

40. — Dame hollandaise respirant des fleurs.

Bois. — H., 0<sup>m</sup>,13. L., 0<sup>m</sup>,12.

## MOMPER (Josse de)

41. — Paysage avec figures.

Bois. — H., 0<sup>m</sup>,32. L., 0<sup>m</sup>,55.

## MORETTO (Alessandro Bonvicino, dit il)

?

42. — Portrait du sénateur Ant. Bentivogli.

Il porte un vêtement noir bordé de fourrure. Il tient de la

main gauche un papier; de la droite, il fait un geste de com-
mandement.

Dans le haut du tableau, ont lit l'inscription suivante :

CO. ANT[s] BENT[s] SENATOR
LVDOVICI FILIVS
ANNO DNI MDLIII

Et sur une lettre placée sur la table :

AL. MOLTO. ILL[r] SIG[r] CONT. ANTONIO
BENTIVOGLI
ANN. ÆTAT. SUÆ 45
DOMINI 1553.

Toile. — H., 1$^m$,24. L., 0$^m$,95.


## NEER (Aart Vander)

43. — Les Bords de la Meuse; effet de nuit.

Au premier plan, des pêcheurs étendent leurs filets. A
droite et à gauche, des maisons éclairées par la lune.
Signé à gauche du monogramme.

Bois. — H., 0$^m$,46. L., 0$^m$,70.


## PARIS BORDONE

44. — Portrait de Laurent de Médicis.

Dans le haut du tableau, on lit l'inscription suivante :

LAURENTIVS DE MEDICIS Ā DOMINI
MDXXXVI

Toile. — H., 0$^m$,56. L., 0$^m$,49.

## ROSA (Salvator)

45. — Triton poursuivant une Nymphe.

Bois. — H., 0m,20. L., 0m,18.

## ROTTENHAMMER (Johann)

46. — Job visité par sa famille et ses amis.

Cuivre. — H., 0m,27. L., 0",38.

## RUBENS (Pierre-Paul)

?

47. — La Glorification de la Vierge.

Au centre d'un rayon lumineux, la mère du Sauveur, portée
sur un nuage, tient sur les genoux son divin Enfant; autour
du groupe sacré sont des anges et des chérubins.
Figure grandeur nature; composition importante.

Toile. — H., 2m,19. L., 1m,42.

## RUBENS (*attribué à*)

48. — Tête de vieillard; vue de profil.

Bois. — H., 0m,44. L., 0m,34.

## SANZIO (Raphael)

**49.** — Martyre de sainte Cécile (peinture à fresque).

En 1830, le fermier Vitelli, ne voulant point être mêlé à
ses domestiques, se donna le luxe d'une tribune spéciale, et,
pour arriver à sa tribune, fit percer une porte au beau milieu
du Martyre de sainte Cécile.

Par suite de cet acte barbare, la fresque du Martyre de
sainte Cécile se trouve presque totalement perdue pour nous.
Ce n'est plus d'après cette fresque qu'on peut juger de la composition de Raphaël, c'est d'après les dessins originaux des
collections de Vienne et de Dresde, et d'après la gravure de
Marc-Antoine, faussement appelée le martyre de sainte Félicité.
(Bartsch) L XIV n° 117. Les fragments de peinture qui subsis-
tent encore ne sont que très-secondaires et n'appartiennent
qu'aux parties latérales. Le drame lui-même, qui occupait la
partie centrale, est tout à fait perdu : la sainte plongée à mi-
corps dans la chaudière, l'ange qui descend du ciel, en appor-
tant la palme et la couronne, les hommes presque nus qui allu-
ment le feu en se garant des flammes, les deux bourreaux qui
présentent à la jeune martyre les têtes de son époux et de son
beau-frère Valère et Tiburce, dont les corps sanglants gisent
à terre, une partie de la statue de Jupiter et l'un des deux
prêtres debout à ses côtés, le juge et la foule si admirablement
ordonnée.... tout cela est anéanti.

On voit seulement : du côté gauche, trois personnages relé-
gués à l'arrière-plan et cinq figures placées entre les colonnes ;
du côté droit, au fond, une partie de la statue du dieu et l'un
des deux prêtres, plus près du spectateur, un fragment du
corps de l'un des deux martyrs, plus près encore, deux femmes
et un enfant partagés entre la pitié, la curiosité et l'horreur
d'une pareille scène. L'estampe de Marc-Antoine nous rap-
proche tellement de Raphaël, qu'elle nous met déjà, pour ainsi
dire, en sa présence. Cependant, si l'on compare ce qui sub-

siste de la fresque aux parties correspondantes de la gravure, on trouve encore une grande supériorité à l'avantage de la fresque. Devant cette épave, on se sent ému comme par une communication personnelle du maître. Entre ces groupes fragmentés et certaines portions des cartons exécutés pour les tapisseries, les analogies sont frappantes... Il faut donc, tout en déplorant comme une grande perte pour l'art la mutilation sacrilége qu'a subie la fresque de Raphaël, recueillir avec admiration le peu qui reste de cette peinture.

Plus tard, les religieuses elles-mêmes, ayant besoin d'argent et pensant avec raison avoir un trésor dans ce qui leur restait des fresques de Raphaël, les firent transporter sur toile pour les engager au Mont-de-Piété, où nous les avons vues à Rome en 1858. Du Mont-de-Piété, où elles demeurèrent près d'un an, elles allèrent dans une des salles d'entrée de la basilique de Sainte-Cécile *in Trastevere.*

En 1869, enfin, M. A. Oudry en fit l'acquisition, et les apporta en France, à travers mille difficultés de douane et de transport.

(Extrait de la Notice de M. Gruyer sur les Fresques de la Magliana.)

## SANZIO (RAPHAEL) (*école de*)

**50. — Saint Joseph.**

Fragment d'une composition de Raphaël représentant la fuite en Égypte. Le tableau original du maître a été détruit; on ne le connaît que par la gravure ou par des copies anciennes.

Bois. — H., 0<sup>m</sup>,24. L., 0<sup>m</sup>,18.

## SCARSELLINO (IPPOLITO)

**51. — Quinze Tableaux ayant trait à la vie de Jésus et de la Vierge.**

Dimension de chaque sujet. Toile. — H., 0<sup>m</sup>,30. L., 0<sup>m</sup>,30.

## STEEN (Jean)

**52. — Fête de village, en Hollande.**

Devant une auberge, sous une tonnelle, des paysans dansent au son du violon et de la musette; au premier plan des buveurs sont autour d'un tonneau renversé; à gauche, un vieillard ivre, est soutenu par des femmes tandis qu'un jeune garçon marche devant lui portant son chapeau. Dans le fond, de n ombreux personnages, de tout âge et de tout sexe, animent la fête.

Co mposition capitale d'une exécution large et soutenue.

Toile. — H., 1m,10. L., 1m,38.

## STEEN (Jean)

**53. — La Continence de Scipion.**

Scipion sur son trône accorde au jeune prince sa fiancée et il le rend ainsi pour toujours l'allié des Romains. Il ajoute à ses bienfaits la rançon qu'on lui apporte. Toutes les têtes expriment la reconnaissance.

Couleur rembranesque.

Signé à gauche, sur la marche du trône, en toutes lettres : Jan Steen.

Toile. — H., 0m,90. L., 1m,50.

## TÉNIERS (David, le père)

**54. — Intérieur de cabaret ; musiciens.**

Toile. — H., 0m,26. L., 0m,84.

## VASARI (*attribué à*)

**55.** — Vierge et Enfant Jésus à la grenade.

L'Enfant Jésus a un collier avec la corne de corail.

Bois. — H., 0$^m$,74. L., 0$^m$,59.

## VECCHIA (PIETRO DELLA)

**56.** — Femme jouant de la mandoline.

Toile. — H., 0$^m$,90. L., 0$^m$,79.

## VECCHIA (PIÉTRO DELLA)

**57.** — Le Musicien ambulant.

Toile. — H., 0$^m$,84. L., 0$^m$,61.

## VERONESE (PAOLO CALIARI, dit)

?

**58.** — Portrait d'un sénateur vénitien entouré de ses trois enfants.

Œuvre très-remarquable. Personnages de grandeur naturelle.

Toile. — H., 2$^m$,20. L., 1$^m$,80.

## ZURBARAN

59. — Sainte Claire.

## ZURBARAN

60. — Évêque instruisant deux saintes religieuses.

Figures de grandeur naturelle; page magistrale.

Toile. — H., 2$^m$,52. L., 1$^m$,80.

## ZURBARAN

61. — Épisode de la vie de saint Ignace de Loyola.

Le saint est assis discutant sur les dogmes de la religion.

T. — H. 1$^m$,72. L. 1$^m$,90.

## ZURBARAN

62. — Épisode de la vie de saint Ignace de Loyola.

Il est debout buvant à une gourde que lui présente un saint capucin.

Au premier plan à gauche un pauvre estropié.

Pendant du précédent.

T. — H. 1$^m$,72. L. 1$^m$,90.

63. — Sous ce numéro les Tableaux non catalogués.

# BAS-RELIEF EN CUIVRE

# MEUBLES

# ET CURIOSITÉS

# BAS-RELIEF EN CUIVRE

## (CUIVRE GALVANIQUE)

### D'APRÈS PIERRE PUGET

**64. — Alexandre et Diogène.**

Le roi de Macédoine est représenté passant à cheval, la tête découverte, la main droite ramenée vers l'épaule et la gauche appuyée sur la hanche, se retournant vers Diogène que l'on voit presque nu, assis dans un tonneau et disant au prince de s'écarter de son soleil. Un homme de formes robustes et vulgaires retient, à l'aide d'une chaîne, un chien qui semble prêt à s'élancer sur le philosophe ; quelques guerriers, à pied ou à cheval, complètent le groupe qui a pour fond des édifices en perspective.

Reproduction d'une seule pièce obtenue par la galvanoplastie directement du bas-relief de Pierre Puget.

Le poids est de 400 kilos environ.

Dimension. — H., 3ᵐ,30. L., 3ᵐ,06.

# MEUBLES ET CURIOSITÉS

65. — Une Table en mosaïque romaine (forme guéridon) ;
  au milieu les colombes de Pompeï, quatre médail-
  lons ovales reliés par des fleurs renferment : le
  Panthéon de Rome, le temple de Vesta, le tom-
  beau de Cœcilia Metella et le Campo-Vacchino.


66. — Émail japonnais ; oiseaux, cigognes, arbres, etc.

  Émail cloisonné.

PARIS. — J. CLAYE, IMPRIMEUR, 7, RUE SAINT-BENOIT. — [528]

www.ingramcontent.com/pod-product-compliance
Ingram Content Group UK Ltd.
Pitfield, Milton Keynes, MK11 3LW, UK
UKHW031724170726
13836UKWH00001B/424